1495

LA MOUFFETTE

Illustrations: Lyne Meloche

Texte: Colette Dufresne

ÉDITIONS
MICHEL
QUINTIN

Je suis une mouffette et mon pelage noir est orné
De bandes ou taches blanches bien marquées.
Même si bien souvent on ne me voit pas,
À cause de mon odeur, on sait que je suis là!

On me surnomme souvent «bête puante».
Je suis active surtout la nuit ou à la brunante.

Si je te tourne le dos et lève la queue
Tu ferais mieux de quitter les lieux.
Car le liquide nauséabond que je lance
Peut t'atteindre à plusieurs mètres de distance.

Toute jeune, je prends la posture défensive
Mais avant un mois ou deux, je suis inoffensive.
Mes glandes qui sécrètent la substance musquée
Ne sont pas encore tout à fait développées.

Ayant de courtes pattes et le corps trapu,
C'est plutôt au sol que j'évolue.
Mes longues griffes me servent à creuser
Pour trouver ma nourriture ou pour m'abriter.

Je trouve souvent abri
Sous un bâtiment ou une galerie.
Aussi j'aime bien m'installer
Dans un terrier abandonné.

Comme je mange à peu près n'importe quoi,
Je n'ai alors que l'embarras du choix.
Herbes et fruits, insectes, petits mammifères,
Amphibiens, charogne, tout fait mon affaire.

Les ennemis que je crains par-dessus tout
Sont le grand duc, le lynx et le renard roux.

Pour les femelles, la période de gestation
Dure soixante-cinq jours environ.
Elles n'ont qu'une portée par année
De cinq ou six nouveau-nés.

L'hiver, nous ralentissons nos activités
Et cessons de nous alimenter.
Mamans et petits peuvent se regrouper
À plusieurs dans un même terrier.

Nous vivons en moyenne quatre ans,
Mais parfois beaucoup plus longtemps.
Il y en a qui vont jusqu'à dix ans:
Wow! pour une mouffette, c'est vieux en grand!

Dans la même collection:

Le béluga
Le castor
La coccinelle
L'escargot
Le gorille de montagne
Le harfang des neiges
Le maringouin
L'ours blanc
La pieuvre
Le porc-épic
Le pou
Le raton laveur
Le ver de terre

Données de catalogage avant publication (Canada)

Meloche, Lyne, 1961-

    La mouffette

    (Ciné-faune)
    Pour enfants de 3 à 8 ans.
    ISBN 2-89435-087-2 (rel.)

    1. Mouffettes - Ouvrages pour la jeunesse. I. Dufresne, Colette, 1962-
II. Titre. III. Collection.
QL737.C25M44 1997   j599.76'8   C97-940188-7

La publication de cet ouvrage a été réalisée grâce au soutien
financier de la SODEC et du Conseil des Arts du Canada.

Révision linguistique: Maurice Poirier

Dépôt légal - Bibliothèque nationale du Québec, 1997

©1997 Éditions Michel Quintin
C.P. 340, Waterloo (Québec)
Canada   J0E 2N0
Tél.: (514) 539-3774
Téléc.: (514) 539-4905
Internet: http://www.mquintin.com
Courrier électronique: mquintin@mquintin.com

Imprimé à Hong Kong
ISBN 2-89435-087-2   (relié)   10 9 8 7 6 5 4 3 2 1